AF275810

Isa Solana

No hay tren que no me lleve

LA GARÚA
POESÍA · *Haiku, 6*

Primera edición: abril de 2024

Dirección: Jesús Aguado y Joan de la Vega

Consejo editorial: Pablo F. Sopuerta, Lola Irún,
Paula Gámiz y Maribel Sola

© texto, Isa Solana
© ilustración de cubierta, José Manuel Benítez Ariza
© La Garúa Libros
Barcelona (España)
www.lagaruapoesia.com

ISBN: 978-84-128186-2-8
Depósito Legal: B 1484-2024

cuando me callo
se va acabando el día
y me lo entrega

el sol y yo
acostamos estrellas
cuando me callo

como termitas
agujerean el cielo
cuando me callo

hora del búho
descorre los pestillos
cuando me callo

voy donde Eso
cuando por fin me callo
en ese Instante

cuando me callo
en la luna leemos
radiografías

cuando me callo
me cubre el río lento
de unas caricias

cuando me callo
las horas se reclinan
tranquilamente

cuando me callo
se enciende la hojarasca
con luz de venus

en Ello más
se Ve cuando me callo
porque el mí es menos

cachorreamos
en la cuna del tiempo
cuando me callo

cuando me callo
un parpadeo cae
en mi hora justa

abrazo largo
como un cuello de cisne
cuando me callo

cuando me callo
el corazón desvela
su santo y seña

ni yo ni tú
cuando me callo son
Significantes

cuando me callo
limpia el rastro salado
mi lengua dulce

dormir al raso
con sábanas de raso
cuando me callo

cuando me callo
como si fuera un juez
su amor me indulta

cuando me callo
con saliva le sello
mi compromiso

lo estrecho Rompe
cuando me callo en luz
por las costuras

el cerrajero
del alba abre su puerta
cuando me callo

cuando me callo
la mañana orgullosa
sigue llamándome

cuando me callo
se desvía a mi casa
la claridad

cuando me callo
la boca de la vida
me deletrea

Yo Soy Eso
Que da cuando me callo
Todo de Sí

pende del viento
la tierra y sus montañas
cuando me callo

cuando me callo
allá allí y aquí
chisporrotea

se recompone
el mundo en cabestrillo
cuando me callo

cuando me callo
amarrada a mi reja
la buena nueva

mi yo se funde
Cuando me callo en
El Yo Dichoso

sigo naciendo
de mi padre y mi madre
cuando me callo

cuando me callo
se hace grande el portal
de las campanas

entre los surcos
brotan las oraciones
cuando me callo

llega la lluvia
en su carro glorioso
cuando me callo

**lo que no es Suyo
cuando me callo sale
de la ecuación**

cuando me callo
no sé si será el Tao
(¡sí que lo es!)

la primavera
en huellas de agua andando
cuando me callo

ordena el viento
las hojas obedecen
cuando me callo

cuando me callo
se llenan los aleros
de adivinanzas

si falto Yo
llego cuando me callo
y entrego el yo

nieve perpetua
una pluma de oca
cuando me callo

en un columpio
me uno al horizonte
cuando me callo

descubre el aire
las primeras violetas
cuando me callo

cuando me callo
qué flor qué flor tan bella
la mariposa

es una gota
pero cuando me callo
Es una Gota

un elefante
carga con mis asuntos
cuando me callo

cuando me callo
las matas erizadas
explota un globo

camino recto
la raya de su pelo
cuando me callo

cuando me callo
de costado a costado
se abre mi pecho

**sobre el vaivén
cuando me callo Lo
Fijo aparece**

recapacitan
por mí los alelíes
cuando me callo

cuando me callo
subiendo por la loma
voy cuesta abajo

cuando me callo
el tomillo se arranca
por bulerías

cuando me callo
de una ristra de pájaros
brotan mis nombres

los sumo y dan
cero cuando me callo
Sus Cien Mil Rostros

cuando me callo
dice en mí la alegría
sus puñaladas

de florecillas
las manos estampadas
cuando me callo

tanta virtud
en la cola de un gato
cuando me callo

un mar de anchoas
las hojas del olivo
cuando me callo

**soy escuchada
cuando me callo Eso
Me Escucha en Sí**

cuando me callo
la nube anaranjada
me da su zumo

perlas de oriente
excrementos de oveja
cuando me callo

el calcetín
aleteo de cuervo
cuando me callo

cuando me callo
yo yo yo yo yo yo
unánimemente

de la impureza
nace cuando me callo
Lo Que Refulge

salpica oro
la regadera vieja
cuando me callo

me echo en la hierba
el avión me recoge
cuando me callo

cuando me callo
mala hierba en un puente
me mira el río

cuando me callo
le grito a la otra orilla
¡eh tú acércate!

Ello es mi Red
lo sé cuando me callo
mientras me Lanzo

zurce lo roto
el hilo de la araña
cuando me callo

cuando me callo
los dedos de sus pies
me dan el paso

cuando me callo
las notas del racimo
uva tras otra

sí por la tarde
sí bajo el limonero
cuando me callo

**La Invitación
para cuando me callo
Se Escribe Sola**

cuando me callo
en el perfil del labio
una gaviota

cuando me callo
el torrente recita
jaculatorias

cuando me callo
le ofrezco las desgracias
al chatarrero

la hierbabuena
sigue mi rastro al vuelo
cuando me callo

siendo del Ser
somos cuando me callo
Lo Que Sí Somos

me comen las
naranjas de la china
cuando me callo

cuando me callo
cada vez que se cierra
se vuelve a abrir

en fila hormigas
que custodian la miel
cuando me callo

cuando me callo
se despereza y cruje
piel de la almendra

**de dentro a fuera
cuando me callo soy
en Lo Que Es**

la enredadera
en los cuernos del diablo
cuando me callo

aceite y ajo
me rebanan el pan
cuando me callo

la mandarina
joyero sin candado
cuando me callo

cuando me callo
afirmo en mi cadera
las negaciones

**Es tan Real
cuando por fin me callo
La Realidad**

voy de paseo
emparrada en su brazo
cuando me callo

cuando me callo
amor amor amor
empedernida

cuando me callo
se apuntala en sus ojos
un arcoíris

paso de cebra
zancadas de avestruz
cuando me callo

Ello Aparece
cuando me callo en ti
desvaneciéndome

cuando me callo
el color de azafrán
sabe su boca

cuando me callo
llegando a ochenta grados
el agua hierve

cuando me callo
es para ser gacela
de cuerpo entero

cuando me callo
no hay tren que no me lleve
hacia mí misma

en Plena Nada
cuando estoy y me callo
Lo encuentro en mí

cuando me callo
lame mis pies la ola
como un cachorro

cuando me callo
nos caemos de bruces
en las razones

en el tintero
nada el verso de un pez
cuando me callo

cuando me callo
solo cuando me callo
lengua materna

**Lo que Habla en todo
cuando me callo dice
La Perfección**

cuando me callo
se llena de prodigios
el moribundo

me barre el suelo
la escoba del presente
cuando me callo

se queda quieto
un loro en mi cabeza
cuando me callo

cuando me callo
porque es romo el poema
despunta el lápiz

Eso se Expande
en mí cuando me callo
qué Feliz Mente

el perro artista
su cola es un pincel
cuando me callo

cuando me callo
está por suceder
y no sucede

cuando me callo
el centro de la tierra
una cereza

cuando me callo
se empañan los espejos
para que escriba

al escondite
Juega cuando me callo
en cada Cosa